CARTULAIRE DE L'HOPITAL

DE

L'ABBAYE DU VAL-NOTRE-DAME

AU DIOCÈSE DE PARIS

(XIIIe SIÈCLE)

PAR

H. OMONT

MEMBRE DE L'INSTITUT

PARIS

1904

CARTULAIRE DE L'HOPITAL

DE

L'ABBAYE DU VAL-NOTRE-DAME

AU DIOCÈSE DE PARIS

(XIIIe SIÈCLE)

Extrait des *Mémoires de la Société de l'Histoire de Paris et de l'Ile-de-France*, t. XXX (1903).

CARTULAIRE DE L'HOPITAL

DE

L'ABBAYE DU VAL-NOTRE-DAME

AU DIOCÈSE DE PARIS

(XIIIe SIÈCLE)

PAR

H. OMONT

MEMBRE DE L'INSTITUT

PARIS

1904

CARTULAIRE DE L'HOPITAL

DE

L'ABBAYE DU VAL-NOTRE-DAME

AU DIOCÈSE DE PARIS

(XIIIe SIÈCLE.)

Dès la fin du XIIe siècle et surtout au XIIIe siècle, sous l'influence bienfaisante d'un grand et bel élan de charité chrétienne, on vit de toutes parts les Hôtels-Dieu ou Maisons-Dieu, les Léproseries ou Maladreries se multiplier en France pour adoucir le sort des pauvres et des malades, et les savantes études de notre confrère M. Léon Le Grand témoignent de l'admirable développement pris au moyen âge par ces établissements charitables, en particulier dans l'ancien diocèse de Paris[1]. Mais, si plusieurs de ces hôpitaux ont survécu de longs siècles et contribué au soulagement d'innombrables infortunes, beaucoup d'autres, au contraire, disparurent de bonne heure, soit que l'insuffisance de leurs revenus ou une gestion malhabile ait amené leur ruine, soit plutôt encore qu'ils aient été totalement anéantis au milieu des terribles ravages de la guerre de Cent ans[2].

A côté de ces Maisons-Dieu indépendantes, soumises directement à l'autorité épiscopale, nombre d'abbayes avaient établi, vers le même temps, à leurs portes ou dans leur voisinage, des hôpitaux particuliers, destinés à secourir les pauvres et les malades ou à

---

1. *Les Maisons-Dieu et Léproseries du diocèse de Paris au milieu du XIVe siècle, d'après le registre de visites du délégué de l'évêque (1351-1369)*, dans les *Mémoires de la Société de l'histoire de Paris et de l'Ile-de-France* (1897), t. XXIV, p. 61-365; et *les Maisons-Dieu et Léproseries du diocèse de Paris au milieu du XIVe siècle*, dans les mêmes *Mémoires* (1898), t. XXV, p. 47-178.

2. Voir *la Désolation des églises, monastères, hôpitaux en France vers le milieu du XVe siècle*, par le P. Henri Denifle, O. P. (Paris, 1897-1899, 2 vol. in-8°).

héberger les pèlerins; telle est la Maison-Dieu de l'abbaye cistercienne du Val-Notre-Dame, au diocèse de Paris, qui fut fondée, sans doute, au début du XIIIe siècle et dont le cartulaire est entré récemment dans les collections de la Bibliothèque nationale.

On ne sait pas exactement la date de la fondation de l'abbaye du Val-Notre-Dame, ou simplement du Val, située à vingt-cinq kilomètres environ au nord-ouest de Paris, entre Mériel et Villiers-Adam. Vers 1125, elle reçut une colonie de religieux tirés de l'abbaye de la Cour-Dieu, au diocèse d'Orléans[1], et son cartulaire, aujourd'hui conservé aux Archives nationales[2], mentionne de nombreuses donations faites, depuis le XIIe siècle, par les seigneurs de l'Isle-Adam, de Villiers-Adam et par plusieurs membres de la grande famille des Montmorency. L'abbaye du Val subsista jusqu'au début du XVIIe siècle, et son dernier abbé fut Henri de Gondi, fils naturel de François de Gondi, qui résigna sa charge en 1606 et mourut à Paris en 1616. Elle fut alors unie, par lettres patentes de Louis XIII (1611) et par une bulle de Paul V (1614), au couvent de Saint-Bernard des Feuillants de Paris; mais, les Bénédictins n'ayant pas consenti à se retirer, bien qu'un brevet de suppression eût été obtenu du roi le 14 décembre 1625, les Feuillants ne purent cependant en prendre réellement possession que le 14 avril 1630[3].

Si l'on est imparfaitement renseigné sur les premiers temps de l'abbaye du Val-Notre-Dame, on ne connaît pas non plus la date exacte de l'établissement de la Maison-Dieu qui en dépendait et dont le cartulaire est publié plus loin. L'acte le plus ancien, transcrit dans ce cartulaire, est une donation de Richard de Vernon, qui remonte à l'année 1214, et l'historien de l'abbaye du Val, Dom Nicolas de Sainte-Marie, n'a consacré que quelques lignes à ce petit hôpital,

1. Voir *Gallia christiana* (1744), t. VII, col. 875-884; Lebeuf, *Histoire de la ville et de tout le diocèse de Paris* (nouv. éd., 1883), t. II, p. 133-138.

2. Archives nationales, LL. 1541; une copie (1669) du même cartulaire est conservée sous la cote LL. 1542, et il y en a de copieux extraits dans le ms. latin 10999 de la Bibliothèque nationale. Les archives de l'abbaye du Val avaient été examinées et compulsées par Gaignières, dans les collections duquel les copies et extraits qu'il en fit remplissaient tout un gros portefeuille, qui forme aujourd'hui le ms. latin 5462 de la Bibliothèque nationale. Des fragments de l'obituaire, empruntés à ce dernier volume, ont été publiés à la fin du tome I, p. 626-632, des *Obituaires de la province de Sens*, publiés par M. A. Molinier (Paris, 1902, in-4°).

3. Voir aux fol. 45-50 du ms. français 14450 de la Bibliothèque nationale, « Recueil des antiquitez de l'abbaie du Val Nostre Dame, tant des abbés qui l'ont gouvernée que des bienfaiteurs qui y ont fait du bien et qui y sont enterrés, autant que j'en ai pu recueillir des titres et des archives qui sont à Paris, dont j'ai veu les 4 gros registres que j'ai parcourus. » L'auteur de ce Recueil est Dom Nicolas de Sainte-Marie, feuillant, qui était sous-prieur du Val lorsqu'il le composa en 1643.

qui n'existait plus, depuis longtemps sans doute, lorsqu'il écrivait, en 1643, mais qui sont précieuses pour l'indication topographique qu'elles donnent : « Le lieu où estoit autrefois l'hospital de ceans, « c'est aujourd'hui la grange de la ferme; et presque dans toutes les « abbaïes de l'ordre (à cause de la grande uniformité, qui est mer-« veilleuse dans les bastimens et dans la disposition des choses) les « hospitaux, qui estoient proches de la chappelle de la porte, où les « seculiers, tant externes que domestiques, faisoient leurs devotions, « ont esté convertis en granges de la basse-court[1]. »

Aucun des autres historiens du Val, si l'on en excepte peut-être Gaignières, ne paraît avoir connu ou utilisé ce petit cartulaire, ni rappelé l'existence de l'hôpital édifié dans le voisinage de l'abbaye[2]. Il semble bien, en effet, que celui-ci l'ait vu et compulsé au milieu des archives de l'abbaye et lui ait emprunté les analyses, qui se trouvent aux feuillets 370 v°-371 v° du ms. latin 5462, de quinze chartes[3] disposées dans le même ordre chronologique et concernant la Maison-Dieu du Val-Notre-Dame.

Ce cartulaire, conservé aujourd'hui sous le n° 826 des nouvelles acquisitions du fonds des manuscrits latins de la Bibliothèque nationale, est un tout petit volume de 46 feuillets de parchemin, mesurant 135 millimètres sur 100, protégés par un cartonnage moderne, recouvert d'un parchemin, qui peut dater du XVIIIe siècle. Les feuillets 1 à 4 contiennent la table des quarante-trois chartes du cartulaire, dont les sommaires n'ont pas été rubriqués à la place laissée en blanc en tête de chacune d'elles dans le volume. Du fol. 5 v° au fol. 32 se trouvent transcrites quarante et une chartes, dont les dates varient de 1214 à 1265; on a omis d'y copier le texte des chartes 22 et 43, dont les sommaires figurent cependant à la table des matières. Les feuillets 32 à 46 v° sont en partie remplis par différentes notes ou listes de revenus et cens de l'abbaye du Val, notamment pour les années 1280, 1336, 1337 et 1368.

---

1. Bibl. nat., ms. français 14450, fol. 10 v°; cf. fol. 64 v°, où se trouve une copie de la première charte du cartulaire de l'hôpital.

2. Il y a cependant deux mentions de l'hôpital du Val dans l'*Histoire généalogique de la maison de Montmorency et de Laval* d'André Duchesne (Paris, 1624, in-fol.), preuves, p. 86, donation, en 1222, par Matthieu de Montmorency, d'un muid de blé « ad emendos pannos in hospitio pauperum de Valle; » et, p. 98, dans le testament de Bouchard de Montmorency (1237) : « Hospitio pauperum Vallis B. Marie, x l. »

3. On remarquera trois différences de dates entre les copies du cartulaire et les extraits de Gaignières. La charte 5 du cartulaire, datée de 1204, porte dans Gaignières la date 1224 qui paraît la bonne; la charte 7, datée dans le cartulaire de 1214, *mense junio*, l'est du *m. julio* dans Gaignières; enfin la charte 10, datée de 1237 dans le cartulaire, l'a été de 1227 par Gaignières.

Aucune des chartes de ce petit cartulaire n'appelle de remarques historiques ou diplomatiques particulières; toutes sont exclusivement des concessions de rentes, des dons ou ventes de terres et de vignes, sises dans le voisinage de l'hôpital et de l'abbaye du Val, à Beaumont-sur-Oise, Ennery, Fontenay-lès-Louvres, Hérouville, Jouy-le-Comte, Labbeville, Nerville, Nogent, près l'Isle-Adam, Presles, Saint-Leu-Taverny, Valmondois, etc. La table alphabétique, imprimée à la suite du cartulaire, donnera la nomenclature complète des noms de personnes et de localités qui y sont mentionnés, avec les quelques identifications nécessaires.

TABLE CHRONOLOGIQUE

DES

CHARTES COPIÉES DANS LE CARTULAIRE.

Années.	Nos des chartes.	Années.	Nos des chartes.
1214	7	1238, févr.	14
1216	2	1240, févr.	15, 16, 17
1217	21	1240, août	42
1218	9	1240, nov.	26
1220	13	1242, oct.	29
1220, oct.	4	1245, mars	31
1221	3	1247, mars	28
1222, sept.	1	1248, mai	30
1222, nov.	8	1249, mars	27
1223, juill.	12	1252, déc.	36
1224, mars	6	1255, mars	34, 35
1225, janv.	5	1257, mai	37, 38
1229, août	24	1257, juin	39
1233, mars	11	1261, juillet	41
1234, sept.	19	1262, août	40
1234, oct.	18, 20	1262, oct.	32
1237, févr.	25	1265, nov.	33
1237, août	23	*Sans dates*	22, 43
1237, oct.	10		

I.

Carta domini Mathei de Montimor[entiaco] de uno modio bladi in granchia sua de Herovilla, et uno sestario castanearum ad usus pauperum de hospicio ecclesie nostre.

(Septembre 1222.)

Ego Matheus, dominus Montis Moren[tiaci], constabularius Francie, notum facio presentibus pariter et futuris quod, de assensu Gertrudis uxoris mee et Buccardi primogeniti mei, ad preces Alienor comitisse Bellimontis, pro remedio animarum nostrarum et omnium antecessorum, dedi in puram et perpetuam elemosinam unum modium bladi singulis annis percipiendum in grangia mea de Herovilla, in festo sancti Remigii, ad emendos pannos in usus pauperum decumbentium in hospicio pauperum de Valle. Abbas autem et conventus Vallis nobis liberaliter et misericorditer concesserunt quod singulis noctibus pro salute nostra, quoadusque vixerimus, et pro remedio animarum nostrarum, post obitum nostrum, de cetero ab eisdem pauperibus specialiter oratio et mentio fiet. Addimus eciam ad augmentum hujus elemosine unum sextarium castanearum in nemore meo sumendum, tempore quo monachi de Valle accipiunt tres sextarios similiter castanearum, quas habent de dono et elemosina bone memorie domini Mathei avi mei. Quod ut perpetuam stabilitatem optineat presentem cartam conscribi et sigilli mei impressione feci communiri. Actum anno gratie millesimo ducentesimo XX° II°, mense septembri.

II.

Carta Anselli de Insula de elemosina quam Johannes de Labevilla fecit hospicio pauperum ecclesie nostre, scilicet de censu quem habebat apud Aneriacum et de decima quam habebat in territorio de Tilleel, et quicquid habebat dominii in decima et censu predicto.

(1216.)

Ego Ancellus de Insula universis notum facio presentibus et

futuris quod Johannes de Labevilla, miles, assensu et voluntate uxoris sue Juliane et sororis sue Sedille, pro salute anime sue et Philippi fratris sui, patris et matris sue et antecessorum suorum, dedit et concessit in puram et perpetuam elemosinam hospicio pauperum de Valle Beate Marie, ad proprios usus ipsorum ibidem procumbentium, totum censum quem habebat apud Aneriacum et totam decimam quam habebat in territorio de Tilleel, nec non venditiones et revestituras, et quicquid dominii habebat in censu de Aneriaco et in decima preassignata, libere, quiete et pacifice imperpetuum possidendum. Hoc autem ipsum concessit dominus Radulfus de Labevilla coram me constitutus, de cujus feodo predicta elemosina fore dinoscitur, qui etiam ad hoc ipsum confirmandum sigillum suum apposuit. Ego vero, ad petitionem et precem prefatorum Johannis et Radulfi de Labevilla, presentem cartam sigilli mei munimine feci communiri. Actum anno gratie millesimo ducentissimo sexto decimo.

III.

Carta Johannis, comitis Bellimontis, de vinea de Prato apud Joacum et de duobus arpentis prati subtus eandem vineam ad usus pauperum hospicii nostri, et de uno hospite, Garnerio videlicet del Ru, cum redditibus quos michi reddere solebat.

(1221.)

Ego Johannes, comes Bellimontis, universis notum facio presentibus pariter et futuris quod, cum gravi egritudine laborassem, rebus meis disposui et, testamentum meum faciens, legavi domui pauperum Vallis Beate Marie et pauperibus in eadem domo egritudine laborantibus, pro salute anime mee et omnium antecessorum meorum, vineam meam de Prato, apud Joiacum sitam, et duos arpennos prati subtus eamdem vineam sitos, et unum hospitem, Garnerum videlicet de Ru, cum redditibus quos mihi reddere solebat. Quorum omnium proventus in usus predictorum pauperum annuatim specialiter expendentur, nec ad alia quevis negocia poterunt transferri. Quod ut perpetuam stabilitatem optineat, presentem cartam conscribi et sigilli mei impressioni feci communiri. Actum anno domini millesimo ducentesimo vicesimo primo.

IV.

Carta domini Stephani de Sacrocesaris et Elienor, quondam comitisse Bellimontis, de elemosinis quas fecerunt hospitio pauperum ecclesie nostre, scilicet de duobus arpentis prati juxta Joï et pluribus aliis.

(Octobre 1220.)

Ego Stephanus de Sacrocesaris et Elianor uxor mea, Bellimontis quondam comitissa, dedimus Deo et pauperi hospicio Vallis Beate Marie, ad usum et sustentationem pauperum ibidem decumbentium, pro salute animarum nostrarum et omnium antecessorum nostrorum, necnon et successorum, in puram et perpetuam elemosinam duos arpennos prati juxta Joiacum sitos, et medietatem pasticii prato contigui, et medietatem unius quarterii terre contigue domui presbiteri, et medietatem campipartis duodecim arpennorum in territorio Joiaci sitorum, et medietatem trium hospitum, videlicet Garnerii de Ru, familie Drogonis de Fonte et Hugonis de Spina, qui debebant nobis annuatim tres solidos et tres denarios census, et tres minas avene, et unum caponem et dimidium, et unum panem et dimidium. Dedimus etiam eidem loco medietatem fouagii dictorum hospitum, et quicquid dominii justicie et possessionis ad nos pertinebat in villa Joiaci, preter vineas quas in manu nostra retinuimus. Hanc supradictam elemosinam ego Stephanus, et Elianor uxor mea, et successores nostri garantizabimus prenominato pauperi hospicio contra omnes homines. Et ut ista donatio perpetuam stabilitatem optineat, presentem cartam conscribi et sigillis nostris fecimus communiri. Actum anno gratie millesimo ducentesimo vicesimo, mense octobri.

V.

Carta domini Radulphi de Labevile de elemosinis quas fecerunt ecclesie nostre, scilicet hospicio pauperum, Johannes, comes Bellimontis, et Stephanus de Sacrocesaris.

(Janvier 1224 [1225].)

Ego Radulfus de Labevile, miles, omnibus notum facio presentibus pariter et futuris quod, de assensu et voluntate Margarete uxoris mee, et Girardi, Petri, Roberti, Guillermi, filiorum meorum, et Anseuz, Aales, filiarum mearum, dedi et concessi, pro salute anime mee et omnium antecessorum meorum, in perpetuam elemosinam ecclesie Vallis Beate Marie et fratribus ibidem Deo servientibus, ad proprios usus infirmorum pauperi hospicio decumbentium, quicquid habebam vel habere debebam dominio, feodo, vel alio aliquo modo in elemosina, quam nobilis vir Johannes, quondam comes Bellimontis, et Stephanus de Sacrocesaris predicte ecclesie fecerunt apud Joi. Quod ut perpetuam stabilitatem optineat, presentem cartam conscribi et sigilli mei impressione feci communiri. Actum anno gratie millesimo ducentesimo [vicesimo] quarto, mense januario.

VI.

Carta Gaufridi, decani de Nogent, de predicta elemosina.

(Mars 1223 [1224].)

Ego Gaufridus, decanus de Nungent, omnibus notum facio presentibus pariter et futuris quod, constituti in presencia nostra Hersandis, uxor Roberti vicecomitis, et Ansellus et Symon filii ejus, et Agnes et Sedilla filie ejus concesserunt et ex toto quitaverunt, fide mediante corporaliter prestita, hospicio pauperum Vallis Beate Marie totam elemosinam illam quam Johannes quondam comes Bellimontis, et Stephanus de Sacrocesaris et Elianor uxor ejus, quondam comitissa Bellimontis, eidem hospicio fecerunt apud Joiacum libere, quiete et pacifice imperpetuum possidendum. Quod ut perpetuam stabilitatem optineat, presentem cartam conscribi et sigilli mei impressione feci communiri. Actum anno gratie millesimo ducentesimo vicesimo tercio, mense marcio.

VII.

Carta domini Ricardi de Vernon de iiij^{or} sestariis annone hyemalis in molendino suo apud Vaumondois hospicio pauperum, terminus ebdomada ante Natale Domini.

(Juin 1214.)

Ego Richardus de Vernone universis presentibus pariter et

futuris notum facio quod, de voluntate et assensu uxoris mee Lucie et liberorum meorum, pro salute anime mee et uxoris mee prenominate et antecessorum meorum, dedi et concessi imperpetuum et perpetuam elemosinam ecclesie beate Marie de Valle, in proprios usus pauperum ibidem in hospicio decumbentium, quatuor sextarios annone hyemalis in molendino meo apud Valmondeis sito, in septimana ante Natale Domini annuatim percipiendos. Quod ut ratum et inconcussum permaneat, ego et uxor mea prefata ad majorem cautelam presentem cartam sigillorum nostrorum munimine fecimus communiri. Actum anno gracie millesimo ducentesimo quartodecimo, mense junio, in capella mea apud Montmeliant.

VIII.

Carta domini Johannis de Borriz de quadam pecia terre sita juxta Haias mare Tiboudi ad hospicium pauperum ecclesie nostre.

(Novembre 1222.)

Ego Johannes de Borriz, miles, universis notum facio presentes litteras inspecturis quod, de assensu et voluntate Aaliz uxoris mee et Johannis primogeniti mei, et Willelmi et Guidonis filiorum meorum, dedi in puram et perpetuam elemosinam, pro remedio anime mee et omnium antecessorum et successorum meorum, totam peciam terre sitam juxta Haias mare Tiboudi, ad usus pauperum decumbentium in hospicio pauperum Vallis Beate Marie. Quod ut perpetuam stabilitatem optineat, presentem cartam conscribi et sigilli mei impressione feci communiri. Actum anno gratie millesimo ducentesimo vicesimo secundo, mense novembri.

IX.

Carta Anselli de Torote, canonici Remensis, de duobus sestariis annone in granchia de Fontaneto ad opus pauperum hospicii nostri.

(1218.)

Ego Ansellus de Torota, canonicus Remensis, universis notum facio presentibus et futuris quod dedi in perpetuam elemosinam domui hospitalis pauperum Vallis Beate Marie, ad usus pauperum ibidem decumbentium, duos sextarios annone annuatim in granchia de Fontaneto in campiparte mea percipiendos, assensu et concessione Theobaldi de Behervilla et Richildis sororis mee, uxoris ipsius. Quod ut ratum permaneat, presentem cartam conscribi et sigilli mei impressione feci communiri. Actum [anno] gratie millesimo ducentesimo decimo octavo.

X.

Carta Theobaldi de Lié et Radulfi fratris ejus, militum, de uno arpento terre apud Aneri, quod domina Aales, soror ipsorum, dedit hospicio pauperum nostrorum.

(Octobre 1237.)

Ego Theobaldus de Lié, miles, notum facio universis presentem cartam inspecturis quod domina Rohes, quondam soror mea defuncta, quoddam arpentum terre situm apud Aneri ecclesie Vallis Beate Marie, pro anima sua et animabus antecessorum suorum, in usus pauperum in hospicio decumbentium erogavit; quam elemosinam, pro anima mea et animabus antecessorum meorum, assensu et voluntate spontanea uxoris mee, ratum habui et concessi, promittens bona fide quod ego nec heredes mei contra dictam elemosinam de cetero nullatenus imperpetuum veniemus, nec super dicta elemosina monachos supradicte ecclesie turbabimus, eisdem super hac aliquam molestiam inferentes. Quod ut ratum et illesum permaneat in futurum, ego jam dictus Theobaldus, miles, presentem cartam sigilli mei munimine roboravi, et ad majorem hujus rei confirmationem, ad peticionem meam, dominus Radulfus de Lié, miles, frater meus, de cujus feodo dicta terra movebat, hanc dictam elemosinam ratam habuit et concessit, una cum meo sigillo presenti carte sigilli sui ymaginem imprimendo. Actum anno Domini millesimo ducentesimo tricesimo septimo, mense octobris.

XI.

Carta Johannis de Bosco, militis, de vinea de Closellis in territorio Bellimontis, quam Baldoinus de Bolonvile contulit hospicio pauperum ecclesie nostre liberam omnino.

(Mars 1232 [1233].)

Ego Johannes de Bosco, miles, notum facio presentibus pariter et futuris quod, cum Baldoinus de Bolonvilla contulisset in elemosinam ecclesie Vallis Beate Marie, ad usus pauperum ibidem in hospicio decumbentium, vineam de Closellis sitam in territorio Bellimontis, quam de me tenebat ad duodecim denarios census, ego dictam elemosinam volui et ratam habui, et pro salute anime mee dicte ecclesie concessi, liberam et quitam a pressoragio et ab omni alia consuetudine, imperpetuum possidendam, reddendo inde michi et heredibus meis dictos duodecim denarios census singulis annis in festo sancti Remigii, et pro hac concessione recepi de caritate domus centum solidos Parisiensium monete, quos fratres dicte ecclesie michi contulerunt. Quod ut ratum sit et stabile, presentem paginam conscribi et sigilli mei impressione feci roborari. Actum anno Domini millesimo ducentesimo tricesimo secundo, mense martio.

XII.

Carta Radulphi de Confluentio de duobus solidis annuis, quos Meinerius Bataille et heredes ejus tenentur reddere singulis annis hospitio pauperum nostrorum.

(Juillet 1223.)

Ego Radulfus de Confluentio, miles, universis notum facio tam presentibus quam futuris quod, assensu et voluntate Agne uxoris mee et Odonis filii mei primogeniti, et Eve uxoris ejus, et aliorum liberorum meorum, dedi et concessi in puram et perpetuam elemosinam, pro remedio anime mee et omnium antecessorum meorum, hospicio pauperum de Valle Beate Marie duos solidos Parisiensium monete annuatim percipiendos in octabis beati Dyonisii de quatuor solidis et sex denariis, quos Maternus

Batale et heredes ejus debent michi pro terra, que sita est juxta nemus Agulini. Quod ut perpetue stabilitatis robur optineat, presentem cartam conscribi et sigilli mei impressione feci communiri. Hanc autem elemosinam voluit et concessit dominus Ansellus de Insula, de cujus feodo terra predicta est, et ad majorem cautelam presenti pagine sigillum suum apposuit. Actum anno Domini millesimo ducentesimo vicesimo tercio, mense julio.

XIII.

Carta Pagani de Praheriis, militis, de uno sestario bladi in molendino suo de Praheriis ad usus pauperum ecclesie nostre.

(1220.)

Ego Paganus de Praeriis et Regina uxor mea notum fieri volumus presentes litteras inspecturis quod, pro amore et pro salute animarum nostrarum et omnium antecessorum nostrorum, dedimus et concessimus in perpetuam elemosinam infirmis de hospicio pauperum Vallis Beate Marie unum sextarium bladi in molendino nostro de Praeriis, quod dicitur de Villa, percipiendum singulis annis in septimana ante Natale Domini. Et hoc fecimus assensu et voluntate Radulfi, militis, primogeniti nostri et Agnetis uxoris ejus, et aliorum filiorum nostrorum, Petri, Ade clerici, Johannis [et] Aaliz filie nostre. Quod ut firmum et stabile permaneat, presentem cartam fecimus conscribi et sigilli nostri munimine roborari. Actum anno gracie millesimo ducentesimo vicesimo.

XIV.

Carta Anselli de Gengnourii de vinea quam Galterus de Joi et uxor ejus vendiderunt hospicio pauperum ecclesie nostre, liberam ab omni consuetudine, pro duodecim denariis annuis.

(Février 1237 [1238].)

Ego Ansellus, domicellus de Guengnourii, universis notum facio presentibus pariter et futuris quod Galterus l'ancent de Joiaco et Ysabel ejus uxor vendiderunt pro septem libris Parisiensium monachis Vallis Beate Marie, ad usus pauperum in hospicio decumbentium, unum quarterium vinee situm juxta pasticium de Joi, quem de me tenebant. Hanc autem venditionem ego volui et laudavi, et dictam vineam predictis monachis tenendam perpetuo de me et heredibus meis ad duodecim denarios censuales Parisiensis monete in octabis beati Dyonisii annuatim persolvendos, liberam et immunem ab omni consuetudine et omni penitus re, excepto censu jam dicto, concessi; Aelidis eciam uxor mea hoc ipsum voluit et fide corporali prestita creantavit. Et sciendum quod dicti monachi in eadem vinea domum, si voluerint, edificare poterunt, que similiter libera et quieta erit ab omni consuetudine et omni re penitus, excepto censu supradicto. Et hec omnia tam ego quam heres meus sepedictis monachis contra omnes homines tenebimur garantizare. Quod ut firmum et ratum permaneat in futurum, presentem cartam sigilli mei munimine roboravi. Actum anno Domini millesimo ducentesimo tricesimo septimo, mense februarii.

XV.

Carta Odonis Mellet de Insula de dimidio arpento vinee site apud Meeinevile pro duobus denariis annuis redditus Petro de Henovile, que est de hospicio pauperum nostrorum.

(Février 1239 [1240].)

Ego Odo Mellet de Insula omnibus hec visuris notum facio quod, voluntate et assensu Agnetis uxoris mee, vendidi ecclesie Vallis Beate Marie, ad usus pauperum in hospicio decumbentium, pro septem libris Parisiensium jam solutis, dimidium arpentum vinee situm a Meienne Ville, inter duas vias, inter Joiacum et Campanias, ad duos denarios census reddendos annuatim in medio marcio Petro de Henovilla militi et ejus heredibus, quitum a pressoragio et ab omni alia consuetudine libere et pacifice ab ipsa ecclesia imperpetuum possidendum. Dicta vero Agnes uxor mea fidem prestitit corporalem quod nichil in dicta vinea jure dotalicii aut alio modo per se aut per alium de cetero reclamabit, et quod fratres dicte ecclesie nullo modo super prefata venditione de cetero molestabit. Promisimus etiam ego dictus O[do] et dicta A[gnes] uxor mea, fide prestita corporali, quod nunquam de cetero contra dictam venditionem ibimus, sed eam contra omnes imperpetuum tenebimur garandire. In cujus rei testimonium presentem litteram sigilli mei munimine roboravi. Actum anno Domini millesimo ducentesimo tricesimo nono, mense februario.

XVI.

Carta Petri de Henovile de predicta vinea.

(Février 1239 [1240].)

Ego Petrus de Henovilla, miles, omnibus hec visuris notum facio quod, cum Odo Mellet de Insula vendidisset ecclesie Vallis Beate Marie, Cisterciensis ordinis, ad usus pauperum in hospicio decumbentium, dimidium arpentum vinee, situm in territorio de Montreignon, inter Joiacum et Campanias, quod de me tenebat ad duos denarios censuales, ego dictam venditionem volui et ratam habui, et pro salute anime mee dicte ecclesie concessi liberam et quitam a pressoragio et ab omni alia consuetudine imperpetuum possidendum, reddendo michi et heredibus meis annuatim dictos duos denarios census in octabis sancti Dyonisii. Theobaldus autem filius meus et heres predictam venditionem concessit similiter et ratam habuit, et illam promisit se bona fide garantizaturum, ab eodem fide prestita corporali quod super dicta venditione dictam ecclesiam per se aut per alium nullatenus de cetero molestabit, et quod dictam venditionem tenebit et observabit, et faciet firmiter et fideliter teneri et observari. Quod ut ratum sit et stabile, presentem paginam conscribi et sigilli mei impressione ad peticionem dicte ecclesie feci roborari. Actum anno Domini millesimo ducentesimo tricesimo nono, mense februario.

XVII.

Carta Odonis, decani de Praheriis, de predicta vinea.

(Février 1239 [1240].)

Omnibus hec visuris Guido, decanus de Praeriis, salutem in Domino. Notum facimus quod in nostra presentia constituti Odo dictus Mellet de Insula Ade et Agnes ejus uxor recognoverunt se vendidisse ecclesie Vallis Beate Marie, Cisterciensis ordinis, ad usus pauperum in hospicio decombentium, pro septem libris Parisiensium sibi jam solutis, prout confessi sunt coram nobis, dimidium arpentum vinee situm in territorio quod dicitur Media villa, inter duas vias que sunt inter Joiacum et Campanias, et movet de Petro de Henovilla, milite, ad duos denarios census eidem et heredibus ejus in medio martio reddendos, liberum et quitum a pressoragio et omni alia consuetudine ab eadem ecclesia imperpetuum possidendum. Promiserunt eciam, fide corporali prestita in manu nostra, quod contra venditionem per se vel per alium non venient in futurum, et quod eamdem dicte ecclesie contra omnes, sicut premissa est, garandizabunt. Dicta etiam Agnes, spontanea non coacta, sub premisse fidei sue religione promisit quod in dicta vinea nichil de cetero ratione dotis vel alia per se vel per alium reclamabit. Quod ut firmum sit et stabile, presentem cartam ad instanciam parcium sigillo nostro fecimus communiri. Actum anno Domini millesimo ducentesimo tricesimo nono, mense februario.

XVIII.

Carta Petri de Ernencuria, de Nogent, de terra quam ipse vendidit hospicio pauperum.

(Octobre 1234.)

Ego Petrus de Ernencort, de Nongento, notum facio omnibus presentes litteras inspecturis quod vendidi, assensu et voluntate Richeudis uxoris mee et filiarum mearum Margarite et Johanne, ecclesie Vallis Beate Marie et fratribus ibidem Deo servientibus, ad usus pauperum in hospicio decumbentium, pro quatuor libris parisiensium unam peciam terre sitam apud Nongentum, juxta granchiam monachorum de Insula, liberam et quietam ab omni consuetudine, campiparte et alia exactione, imperpetuum possidendam. Quod ut ratum et stabile permaneat, presentes litteras sigilli mei munimine roboravi. Actum anno Domini millesimo ducentesimo tricesimo quarto, mense octobri.

XIX.

Carta Johannis de Ernencuria, fratris predicti Petri, de predicta terra.

(Septembre 1234.)

Ego Johannes de Hernencort, miles, notum facio omnibus presentes litteras inspecturis quod Petrus de Hernencort, de Nongento, frater meus, assensu et voluntate Richeudis uxoris sue et filiarum Margarite et Johanne, vendidit ecclesie Vallis Beate Marie et fratribus ibidem Deo deservientibus, ad usus pauperum in hospicio decumbentium, pro quatuor libris parisiensium unam peciam terre apud Nongentum, juxta granchia[m] monachorum de Insula, liberam et quietam ab omni consuetudine, campiparte et alia exactione, imperpetuum possidendam. Hanc autem venditionem absque ulla reclamatione mei et heredum meorum laudavi, volui et concessi, tanquam dominus feodi et me garantizaturum erga omnes bona fide promisi. Quod ut ratum et firmum permaneat, presentes litteras sigilli mei impressione confirmavi. Actum anno Domini millesimo ducentesimo tricesimo quarto, mense septembri.

XX.

Carta Guidonis, decani de Praheriis, de predicta terra.

(Octobre 1234.)

Omnibus presentes litteras inspecturis Guido, decanus de Praeriis, salutem in Domino. Notum facimus quod in nostra presencia constituti Petrus de Ernencort de Nongento et Richeudis uxor ejus, et filie eorumdem Margarita et Johanna recognoverunt se vendidisse ecclesie Vallis Beate Marie et fratribus ibidem Deo deservientibus, ad usus pauperum in hospicio decumbentium, pro quatuor libris parisiensium unam peciam terre sitam apud Nongentum, juxta granchiam monachorum de Insula, liberam et quietam ab omni consuetudine, campiparte et alia exactione, imperpetuum possidendum. Recognoverunt etiam predicte Richeudis et filie sue quod nulla coactione vel timore, sed libera voluntate huic venditioni assensum prebuerunt et quod in predicta pecia terre nichil de cetero, vel ratione dotis, vel jure hereditario reclamabunt, et de hoc in manu nostra fidem dederunt corporalem. In cujus rei testimonium presentes litteras ad petitionem partium sigilli nostri munimine roboramus. Actum anno Domini millesimo ducentesimo tricesimo quarto, mense octobri.

XXI.

Carta abbatis Curie Dei de censu et decima quam Johannes predictus de Labevile dedit hospicio pauperum nostrorum.

(1217.)

Ego frater Guillermus, dictus abbas de Curia Dei, universis notum fieri volumus presentes litteras inspecturis quod, cum Johannes miles de Labevilla quandam decimam, in territorio de Aneri situm, ecclesie Beate Marie de Valle in perpetuam elemosinam contulisset, postea abbas et conventus ejusdem loci ipsam decimam cum censu, quem prefatus miles eidem ecclesie vendiderat, ad usus pauperum in hospicio Vallis decumbentium assignaverunt et dederunt. Nos igitur, ad preces eorumdem abbatis et conventus, donum istud ratum habentes et confirmantes, ne ad alios usus transferatur districte prohibemus. Actum anno gracie millesimo ducentesimo decimo septimo.

XXII.

Carta Haimonis, archidiaconi Pontisare, de uno sestario bladi quem Richeldis, relicta Guillelmi de Haucia, dedit hospicio pauperum nostrorum.

(Sans date[1].)

---

1. Une page blanche a été laissée au fol. 17 et v° pour la copie de cette charte, qui n'a pas été transcrite dans le cartulaire.

XXIII.

Carta Guillermi de Vivario, clerici, de quadam pecia terre quam ipse vendidit nobis, sitam inter leprosiam de Insula et Vivarium.

(Août 1237.)

Universis presentes litteras inspecturis Guillermus de Vivario, clericus, salutem in Domino. Notum vobis facio quod ego vendidi ecclesie Vallis Beate Marie, Cysterciensis ordinis, ad usus pauperum in hospicio decumbentium, quandam petiam terre arabilis site inter leprosiam de Insula Ade et Vivarium, pro quatuor libris parisiensium; hanc autem tenebam in feodo de Petro de Her[n]encort, qui venditionem supradictam laudavit, voluit et concessit, et predicte ecclesie se garantizaturum fide data promisit, tanquam dominus feodi. Et sciendum quod supradictam terram dicta ecclesia tenebit de me et heredibus meis libere, quiete et pacifice, et sine aliqua reclamatione mei et heredum meorum, salvo censu nostro, scilicet vi. denariis annuatim reddendis michi et heredibus meis in octabis sancti Remigii. Quod ut ratum et stabile permaneat imperpetuum, presentem cartam sigilli mei mu[ni]mine roboravi. Actum anno Domini millesimo ducentesimo tricesimo septimo, mense augusto.

XXIV.

Carta Johannis de Aci, militis, de vinea quam ipse dedit Baldouino de Bolonvile pro duodecim denariis annuis.

(Août 1229.)

Omnibus ad quos presentes littere pervenerint ego Johannes miles de Aci salutem in vero salutari. Noverit universitas vestra quod ego Johannes de Aci dedi et concessi, de voluntate Margarete uxoris mee et puerorum meorum, Baldouino de Bolunvilla et heredibus suis unam vineam, quam a me tenebat ad xii. denarios censuales die sancti Remigii annuatim persolvendos. Et ut hoc ratum et firmum habeatur ego Johannes presens scriptum ad predicti Baldouini peticionem in sigilli mei munimine roboravi. Actum anno Domini millesimo ducentesimo vicesimo nono, mense augusti.

XXV.

Carta Petri de Ernencuria de terris quas vendiderunt hospicio pauperum nostrorum Guillelmus de Vivario, clericus, et Gaufridus de Insula, figulus.

(Février 1236 [1237].)

Ego Petrus de Hernencort universis presentibus et futuris notum facio quod Godefridus, figulus de Insula, vendidit ecclesie Vallis Beate Marie, Cisterciensis ordinis, ad usus pauperum in hospicio decumbentium, quandam peciam terre arabilis, site inter leprosiam de Insula et Vivarium, circiter unum arpentum et dimidium, pro centum solidis parisiensium, quam tenebat de Guillermo clerico de Vivario ad duodecim denarios parisienses censuales. Hanc autem vendicionem dominus Guillermus clericus laudavit, voluit et concessit, ut predicta ecclesia predictam terram quiete imperpetuum possideat, salvo censu pretaxato sibi et heredibus suis annuatim reddendo. Dictus etiam Guillermus clericus quandam peciam terre ejusdem quantitatis et mensure, et juxta eamdem terram site, predicte ecclesie, ad usus similiter pauperum in hospicio decumbencium, pro quatuor libris parisiensium, quam de me tenebat, salvo censu sex denariorum annuatim percipiendorum. Quia vero predicte pecie terre ad feodum meum pertinent, utramque vendicionem laudavi, volui et concessi, et predicte ecclesie me garandizaturum, fide data, promisi. Quod ut ratum et stabile permaneat imperpetuum, presentem cartam sigilli mei munimine roboravi. Actum anno Domini millesimo ducentesimo tricesimo sexto, mense februario.

XXVI.

Carta officialis Belvacensis de vinea quam Reinerius de Joi contulit hospicio pauperum ecclesie nostre.

(Novembre 1240.)

Omnibus presentes litteras inspecturis officialis Belvacensis salutem in Domino. Universitati vestre notum facimus quod in presencia nostra constitutus Renerus de Joy contulit in puram et irrevocabilem elemosinam, ob remedium anime sue et antecessorum suorum, Deo et ecclesie Beate Marie de Valle, ad usum infirmarie pauperum ejusdem loci, unum arpentum vinee quod habebat, ut dicebat, situm subtus Joy, quod dicitur l'ajou magistri Ligerii, hoc salvo quod dicta ecclesia vineam illam ad omnes sumptus suos faciet, et dictus Renerus singulis annis, quamdiu vixerit, medieta[tem] vini dicte vinee in vindemiis percipiet. In cujus rei testimonium presentes litteras sigillo curie Belvacensis fecimus communiri. Actum anno Domini millesimo ducentesimo quadragesimo, mense novembri.

XXVII.

Carta officialis Parisiensis de capella Mathei de Sancto Lupo.

(Mars 1248 [1249].)

Universis presentes litteras inspecturis officialis curie Parisiensis salutem in Domino. Notum facimus quod in nostra presentia constitutus Guiardus dictus Garchom et Johannes de Chaumeta, executores, ut dicebant, testamenti defuncti Mathei de Sancto Lupo, dederunt et concesserunt in elemosinam religiosis viris abbati et conventui Vallis Beate Marie, Parisiensis diocesis, Cisterciensis ordinis, quasdam terras et vineas, quas idem defunctus habebat, ut dicitur, apud Sanctum Lupum, apud Turnum, apud Plesseium, apud Moisellas, apud Chauveriacum, [quas] etiam terras et vineas idem defunctus per eosdem Guiardum et Johannem preceperat, ut dicitur, erogari, transferentes coram nobis in eosdem abbatem et conventum possessionem rerum predictarum; et promiserunt, fide data in manu nostra, quod contra premissa per se vel per alios non venient in futurum. Datum anno Domini millesimo ducentesimo quadragesimo octavo, mense marcio.

XXVIII.

Carta Parisiensis episcopi de quinquaginta solidis redditus pro domino Guidone de Grandi Molendino.

(Mars 1246 [1247].)

Guillermus, promissione divina Parisiensis ecclesie minister licet indignus, omnibus presentes litteras inspecturis salutem in Domino. Notum facimus quod cum contencio verteretur inter religiosos viros abbatem et conventum Vallis Beate Marie, ordinis Cisterciensis, nostre dyocesis, ex una parte, et Petrum, presbiterum de Meriaco, ex altera, super centum solidis parisiensium annui redditus, quos defunctus Guido de Grandi Molendino, miles, legaverat in testamento suo ad quamdam capellam in eadem villa constituendam, tali conditione quod, si dicta capella non posset ibi fieri infra quinquiennium post decessum dicti militis, medietas dictorum centum solidorum cederet imperpetuum in hospicio pauperum apud dictam abbatiam Vallis discumbentium, et alia medietas erogaretur per manus executorum dicti militis, prout dicebatur. Tandem dicte partes compromiserunt in nos, sub pena quadraginta librarum parisiensium, promittentes quod arbitrio nostro et ordinationi stabunt alte et basse super dictis centum solidis annui redditus. Nos vero, considerantes antedictum redditum minus sufficientem ad capellaniam perpetuam in dicta villa de Grandi Molendino instituendam et saluti anime dicti defuncti providere volentes, arbitrando ordinamus ut dicta ecclesia Vallis Beate Marie de dicto redditu habeat et percipiat imperpetuum annuatim quinquaginta solidos parisiensium, ad sustentationem pauperum ibidem in hospicio discumbentium; presbiter vero de Meriaco habeat et percipiat similiter annuatim alios quinquaginta solidos, de quibus jam assignatus est ad quasdam vineas sitas apud Taberniacum ab herede dicti defuncti, ut dicebat, quas sibi volumus imperpetuum pro dicto redditu quinquaginta solidorum parisiensium pacifice remanere. In cujus rei testimonium et munimen presentes litteras, ad instanciam parcium, sigillo nostro fecimus sigillari. Datum anno Domini millesimo ducentesimo quadragesimo sexto, mense martio.

XXIX.

Carta Johannis de Turre et uxoris ejus de concessione vinee Reneri de Joi.

(Octobre 1242.)

Ego Johannes de Turre, miles, universis pariter presentibus et futuris notum facio quod ego et Eufemia uxor mea volumus et concessimus, fide prestita corporali, quod ecclesia Vallis Beate Marie teneat et possideat imperpetuum vineam, quam Renerus de Joy defunctus dedit in elemosinam hospicio pauperum ejusdem loci, liberam et quitam a presoragio, et roagio et omni alia exactione, exceptis duodecim denariis censualibus nobis et heredibus nostris annuatim in festo sancti Remigii persolvendis, ita quod si predi[cti] denarii ad prefatum terminum persoluti non fuerint, nos in predicta vinea justiciam faciemus. Ysabellis autem et Agnes filie nostre, et Guiardus, maritus dicte Ysabellis hoc idem, fide prestita corporali, concesserunt; Ansellus vero de Guengnourii, domicellus, quitavit quicquid juris habebat vel habere poterat, promittens, fide corporali prestita, quod nichil de cetero in predicta vinea reclamabit. Quod ut ratum et stabile sit imperpetuum, ego et predictus Ansellus presentes litteras sigillorum nostro[rum] munimine roboravimus. Actum anno Domini millesimo ducentesimo quadragesimo secundo, mense octobri.

XXX.

Carta Guillermi, Parisiensis episcopi, de capella Mathei de Sancto Lupo.

(Mai 1248.)

Omnibus presentes litteras inspecturis Guillermus, permissione divina Parisiensis ecclesie minister licet indignus, eternam in Domino salutem. Noverit universitas vestra quod in nostra presentia constituti frater Lambertus, monachus Vallis Beate Marie, Parisiensis diocesis, Cisterciensis ordinis, Guiardus Garchein, Johannes de Chaumeta et Guiardus de Sancto Lupo, executores, ut dicebant, testamenti defuncti Mathei de Cantelupo, recognoverunt quod dictus defunctus Matheus in ultima voluntate sua legavit duodecim libras parisiensium annui redditus habendas et percipiendas in posterum super conquestibus, quos idem defunctus habebat tempore mortis sue, et conferendas a dictis executoribus, ubi dicti executores viderent expedire, pro divino servitio, ob remedium anime ipsius defuncti perpetuo celebrando, ita quod, si esset in eisdem conquestibus residuum, illud dicti executores pro anima dicti defuncti pauperibus erogarent. Recognoverunt enim dicti executores de dictis duodecim libris annui redditus habendis et percipiendis super dictis conquestibus juxta voluntatem dicti defuncti, ut dictum est, dedisse et concessisse ex nunc et imperpetuum hospicio pauperum Vallis Beate Marie, Parisiensis diocesis, Cisterciensis ordinis, pro divino servicio ibidem ob anime dicti defuncti remedium celebrando, ita quod de dictis duodecim libris annuatim in posterum conventui ejusdem loci sexaginta solidi parisiensium ad opus pittancie persolvantur. Nos autem predicta rata habentes et acceptantes, ut ea, quantum in nobis est, auctoritate presentium confirmantes, sigillum nostrum, ad petitionem et de consensu dictorum executorum, presentibus litteris duximus apponendum. Datum anno Domini millesimo ducentesimo quadragesimo octavo, mense maio.

XXXI.

Carta domini Petri de Labevilla de quadam vinea, quam domina Agnes de Breecourt dedit nobis.

(Mars 1244 [1245].)

Noverint universi presentes pariter et futuri quod ego Petrus de Labevilla, miles, volui et concessi quod ecclesia Vallis Beate Marie, ordinis Cisterciensis, teneat et possideat imperpetuum, pacifice et quiete, in manu mortua, sine coactione vendendi vel extra manum suam ponendi, quamdam peciam vinee sitam inter viam de Joiaco et viam que ducit ad Prata, quam dedit in elemosinam predicte ecclesie domina Agnes de Breecort, que movet de me et Johanne de Labevilla, armigero, ad tres obolos censuales; promittens quod contra concessionem istam per me vel per alium non veniam in futurum, nec aliquid in dicta vinea reclamabo, excepto censu predicto, et quod concessionem predictam a predicto Johanne factam per omnia observari, salvo tamen michi et ipsi Johanni censu solummodo supradicto. In cujus rei testimonium presentes litteras sigilli mei munimine roboravi. Actum anno Domini millesimo ducentesimo quadragesimo quarto, mense marcio.

XXXII.

Carta domini Petri de Labevilla et domine Marie uxoris sue de quadam vinea, quam dedit nobis Robertus Heraut.

(Octobre 1262.)

Noverint universi presentes pariter et futuri quod ego Petrus de Labevilla, miles, de assensu et voluntate Marie uxoris mee, volo et concedo quod ecclesia Vallis Beate Marie, Cisterciensis ordinis, Parisiensis dyocesis, et fratres ibidem Domino servientes teneant et possideant imperpetuum, pacifice et quiete, in manu mortua, sine coactione vendendi vel extra manum suam ponendi, quamdam peciam vinee sitam inter duas vias per quas itur de Insula apud Campanias juxta Prata, circa unum arpentum continentem, quam emit quondam defunctus Robertus Heraut a Hugone dicto Coson, et contulit eam, dum adhuc viveret, ecclesie et fratribus antedictis; que vinea supradicta movet de feodo meo ad tres obolos censuales. Et promitto bona fide quod contra concessionem istam per me seu per alium non veniam in futurum, nec in predicta vinea aliquid de cetero reclamabo preter censum superius nominatum. Et si contigerit aliquando dictos religiosos super dicta vinea molestari, ego per presentes litteras obligavi me et heredes meos ad servandum ipsos liberos et indempnes, tam contra participes feodi quam contra quoscumque alios a quibus molestatio sive perturbatio dicte ecclesie perveniret. In cujus rei testimonium predictam cartam dictis religiosis contuli sigilli mei munimine roboratam. Et ne predicta Maria uxor mea ratione dotalicii in predicta vinea possit aliquid reclamare, istam concessionem voluit, et laudavit et quitavit, et omnino reliquit dictis religiosis quicquid habere poterat in posterum in vinea supradicta, et presentibus litteris sigillum suum apposuit voluntaria, non coacta. Actum anno Domini millesimo ducentesimo sexagesimo secundo, mense octobri.

XXXIII.

Carta Johannis Heraut, quam dedit nobis Robertus Heraut, frater ejus.

(Novembre 1265.)

Ego Johannes dictus Heraut notum facio presentibus et futuris quod cum Robinus Heraut, quondam frater meus, pro salute anime sue et antecessorum suorum in puram et perpetuam elemosinam legasset et contulisset ecclesie Vallis Beate Marie, Cisterciensis ordinis, Parisiensis dy[o]cesis, quamdam peciam vinee et quamdam peciam terre arabilis eidem vinee contiguam et adjacentem, circa unum arpentum continentes et moventes de conquestibus suis, que quidem predicta sita sunt in territorio de Prato inter duas vias, quarum videlicet viarum una ducit apud Joiacum et per aliam itur apud Chambliacum prope Prata, ego dictus Johannes Heraut, assensu et voluntate uxoris mee et omnium liberorum meorum, donationem et collectionem premissarum rerum volui, concessi et approbavi, promittens fide media quod contra predictam elemosinam per me vel per alium non veniam in futurum, uxorem meam et heredes seu quoslibet successores meos ad hec omnia tenenda, adimplenda et inviolabiliter observanda imperpetuum onerans et obligans, esse volens pariter et relinquens. In cujus rei testimonium presentes litteras sigilli mei munimine roboravi. Actum anno Domini millesimo ducentesimo sexagesimo quinto, mense novembri.

XXXIV.

Carta Theobaldi de Henovilla, militis, qui confirmat nobis duo arpenta vinee et circa tria arpenta terre et prati, sita apud Joiacum.

(Mars 1255 [1256].)

Ego Theobaldus de Henouvilla, miles, omnibus hoc visuris notum fieri volo quod ego, de voluntate et assensu Beatricis uxoris mee, volui et concessi ut abbas et conventus Vallis Beate Marie, Cisterciensis ordinis, Parisiensis dyocesis, teneat et possideat, in manu mortua, sine coactione vendendi vel extra manum suam ponendi, duo arpenta vinee et circa tria arpenta terre et prati, sita apud Joiacum juxta Ysaram, si a Johanne dicto Fou[r]nier, burgensi de Pontisara, emptione vel equivalenti excambio eadem sibi potuerint adipisci, pressoragium dicte vinee perpetuo sibi retinentes; que omnia et singula ad usum hospicii pauperum dicte abbacie habenda sunt et perpetuo pacifice possidenda. Promittens bona fide quod dictum abbatem et conventum super hiis omnibus et singulis contra omnes perpetuo indempnes penitus observabo, ita tamen quod michi super dicta concessione octo libras parisiensium solvere et integrabiliter reddere tenebuntur. Et ad hec omnia tenenda et observanda inviolabiliter obligavi me imperpetuum et meos heredes seu quoslibet successores. In cujus rei testimonium presentibus litteris sigillum meum apponere dignum duxi. Actum anno Domini millesimo ducentesimo quinquagesimo quinto, mense marcio.

XXXV.

Carta Theobaldi de Henovilla militis, de nemore supra Vaus.

(Mars 1255 [1256].)

Ego Theobaldus de Henouvilla, miles, omnibus hec visuris notum fieri volo quod ego, de assensu et voluntate Beatricis uxoris mee, volui et concessi ut ecclesia Vallis Beate Marie, Cisterciensis ordinis, Parisiensis dyocesis, habeat, teneat et possideat in manu mortua, sine coactione vendendi vel extra manum suam ponendi, ad usum hospicii pauperum, omne nemus meum de Vaus, quod est juxta nemora domini regis. Item volo et concedo ut dicta ecclesia teneat et possideat, ad eumdem usum dicti hospicii pauperum, sine coactione vendendi vel extra manum suam ponendi, quandam petiam terre sitam juxta Ysaram, circa tria quarteria continentem, que quondam fuit Johannis de Pratis, ut dicebatur, vel ut dicitur, necnon et sex solidos censuales, ex dono Heimerici de Joiaco, super pratis suis, ut dicitur, assignatos et annuatim capiendos pro viginti libris turonensium integraliter michi jam solutis, traditis et numeratis. Promittens bona fide quod dictos abbatem et conventum, sive dictam ecclesiam, super premissis omnibus et singulis contra omnes perpetuo indempnes penitus conservabo, et quod de cetero non queram vel queri faciam, per me vel per alium artem vel ingenium, causam vel materiam, per que dicta ecclesia in causam trahatur, vel in posterum super hiis in aliquo molestari. In cujus rei testimonium presentes litteras eisdem tradidi sigilli mei munimine roboratas. Actum anno Domini millesimo ducentesimo quinquagesimo quinto, mense martio.

XXXVI.

Carta Geroudi de Joiaco et Eremburgis uxoris ejus de vinea domine Agnetis de Breencourt.

(Décembre 1252.)

Universis presentibus pariter et futuris ad quos presentes littere pervenerint ego Giroudus de Joiaco et Eremburgis uxor mea communi assensu et voluntate notum facimus quod volumus et concedimus quod ecclesia Vallis Beate Marie, Cisterciensis ordinis, Parisiensis dyocesis et fratres ejusdem Domino servientes teneant et possideant imperpetuum, in manu mortua, sine coacione vendendi vel extra manum suam ponendi, unam peciam vinee, que fuit quondam domine Agnetis de Briencort, circa dimidium quarterium continentem, sitam inter viam de Joiaco et viam que ducit ad Prata, ad unum obolum censualem; quam peciam terre predicte Robertus Heraut, dum adhuc viveret, in puram et perpetuam elemosinam contulit ecclesie et fratribus antedictis. Et promittimus fide corporali quod contra concessionem istam per nos seu per alios non veniemus in futurum, nichil juris dominii, pressoragii, consuetudinis, seu cujuscumque alterius exactionis in omnibus predictis nobis vel heredibus nostris de cetero retinentes, salvo tantummodo censu superius annotato, et si contigerit dictos religiosos super premissis aliquando molestari, obligavimus nos et heredes nostros ad custodiendum ipsos liberos et indempnes. In cujus rei testimonium presentem cartam dictis religiosis contulimus sigillorum nostrorum munimine roboratam. Actum anno Domini millesimo ducentesimo quinquagesimo secundo, mense decembri.

XXXVII.

Carta Laurencii de Cugi de conquestibus suis et de Joiaco.

(Mai 1257.)

Ego Laurentius de Cusi, armiger, omnibus hec visuris notum fieri volo quo[d] ego, de voluntate et assensu Aalidis uxoris mee, dedi et contuli in puram et perpetuam elemosinam, pro salute anime mee et dicte uxoris mee, et omnium antecessorum meorum, ecclesie Vallis Beate Marie, Cisterciensis ordinis, omnes conquestus meos, quos habeo et possideo in villa de Joiaco, promittens bona fide pro me et A[alide] uxore mea, et omnibus antecessoribus meis quibuscumque, quod contra hanc donationem et concessionem quolibet modo aut quacumque ratione nullatenus veniam in futurum. Et si forte contigerit quod dicta ecclesia dictam elemosinam extra manum suam ponere cogeretur, ego eidem ecclesie pro supradictis conquestibus viginti quinque libras parisiensium persolvere tenerer in pecunia numerata, ita quod omnes supradicti conquestus mihi sine contradictione aliqua vel heredibus meis redderentur. Ad hec omnia tenenda, adimplenda et observanda inviolabiliter perpetuo obligavi me ipsum et heredes meos seu quoslibet successores. In cujus rei testimonium presentibus litteris sigillum meum apponere dignum duxi. Datum anno domini M° CC° quinquagesimo septimo, mense mayo.

XXXVIII.

Carta officialis Belvacensis quod Laurencius de Cugi et uxor ejus dederunt nobis quicquid habebant de acquisito in territorio Joiaci.

(22 mai 1257.)

Omnibus presentes litteras inspecturis magister Hugo de Lupidomibus, canonicus et officialis Belvacensis, salutem in Domino. Noverint universi quod Laurencius de Cusy, armiger, et domicella Aelidis ejus uxor, in nostra presencia constituti, contulerunt et concesserunt in puram, perpetuam et irrevocabilem elemosinam viris religiosis abbati et conventui Vallis Beate Marie, Cisterciensis ordinis, Parisiensis dyocesis, quicquid habebant ex acquisito suo in villa et territorio de Joy, Belvacensis dyocesis, videlicet unam hostisiam, que eisdem debebat, ut dicebant, annuatim quatuor minas avene in Natale Domini, duos panes de dimidia mina bladi et duos capones in eodem termino, et sex denarios censuales in medio marcii, et medietatem unius arpenti vinee, quod habebant, ut asserebant, in loco qui dicitur le Coudroy, cum omni jure et dominio, que in omnibus predictis et eorum appendiciis habebant, vel habere poterant quoquomodo, promittentes coram nobis dicti Laurencius et domicella Aalidis ejus uxor sponte et expresse, fide prestita corporali, quod ipsa donatio ratione cujuscumque juris contra predictam elemosine collationem per se vel per alium venire non presument. In cujus rei testimonium presentes litteras sigillo curie Belvacensis fecimus communiri. Actum anno Domini M° CC° quinquagesimo septimo, mense mayo, die martis post Ascensionem Domini.

XXXIX.

Carta vicarii de Pontisara de quadam vinea, et quadam pecia terre, et duabus peciis prati, quas Johannes Fou[r]nier excambiavit nobis.

(Juin 1257.)

Universis presentes litteras inspecturis vices gerens reverendi patris O[donis], Dei gratia, Rothomagensis archiepiscopi, in Pontisara et in Wlcassino Francie salutem in Domino. Noveritis quod in nostra presentia constituti Johannes dictus Fournier et Matildis ejus uxor, tunc de parrochia sancti Petri de Pontisara, ut dicitur, recognoverunt se donasse, concessisse et penitus quitasse viris religiosis abbati et conventui Vallis Beate Marie, Cisterciensis ordinis, Parisiensis dyocesis, quandam vineam, et unam petiam terre et duas petias prati, quas Johannes et Maltidis ejus uxor predicti possidebant apud Joiacum, et reddebant presbitero de Parrenc super dictis pratis duos solidos parisiensium singulis annis, in festo sancti Remigii, et de pecia terre sex denarios sancto Leonorio de Bellomonte pro excambio centum solidorum parisiensium annui çensus, quos dicti religiosi habebant et possidebant apud Pontisaram. Hos autem census debent hii quorum nomina inferius annotantur, videlicet Theobaldus de Rupe, triginta solidos parisiensium super quoddam stallum ad panem;

Aubertus dictus Germain, quinque solidos parisiensium de domo sua de cordubernaria; heredes Hersendis Furnarie, quinque solidos parisiensium super domum et furnum de la boucherie; Robertus de Cergiaco, tres solidos parisiensium super domum suam de Novo Burgo; Reginaldus dictus Malus Clericus, decem solidos parisiensium super domum suam de judearia, et decem solidos et dimidium super domum quandam, que fuit Droconis de Marines, sitam in vico d'Aneri, et duos solidos et dimidium super quandam domum contiguam predicte domui, et septem solidos super les heriquez Petri dicti Osille; Philippus dictus Episcopus et Johannes de Boufemont, tres solidos parisiensium super domos suas sitas juxta judeariam; villa Pontisare, quatuor solidos parisiensium pro domino rege; Hugo Minarius, decem solidos parisiensium super domum que fuit Hugonis dicti Beaunés, sitam juxta portam de Novo Burgo. Promiserunt dicti Johannes et Maltidis ejus uxor coram nobis, fide media, pro se et successoribus suis, et heredibus eorumdem, quod in predicta vinea et tribus peciis, tam terre quam prati, de cetero per se vel per alium nichil a dictis religiosis vel eorum successoribus reclamabunt vel facient reclamari, et quod dictis religiosis seu eorumdem successor[ibu]s super dicta vinea et tribus peciis tam terre quam prati dicti Johannes et Maltidis ejus uxor, pro se et successoribus suis et eorumdem heredibus, pro dictis religiosis et eorum successoribus tenebuntur imperpetuum contra omnes garantizare. Juravit insuper coram nobis dicta Maltidis, tactis sacrosanctis ewangeliis, spontanea voluntate, presente Johanne marito suo, quod in dicta vinea et in tribus peciis tam terre quam prati, ratione dotis, dotalicii, donationis propter nuptias, conquestus, elemosine seu quacunque alia ratione, nichil de cetero reclamabit. In cujus rei testimonium sigillum nostrum presenti [carte], ad instanciam parcium, salvo jure cujuslibet, duximus apponendum. Datum anno Domini M° CC° quinquagesimo septimo, mense junii.

XL.

Carta abbatis et conventus Becci Helloini de vinea de Joy, que fuit Philippi du Ru.

(Août 1262.)

Universis presentes litteras inspecturis R[obertus], humilis abbas, et conventus Becci Helloini salutem eternam in Domino Jhesu Christo. Notum facimus quod cum Philippus du Ru et Giroudus du Ru de Joy, fratres, haberent, et tenerent et possiderent quandam peciam prati continentem tria arpenta et dimidium, vel circiter, sitam apud Joy prope Ysaram, quam peciam prati dicti Philippus et Giroudus du Ru priori et conventui de Layo dederunt et commutaverunt per excambium pro quadam pecia vinee, arpentum et dimidium, vel circiter, continente, sita apud Joy, juxta vineam virorum religiosorum abbatis et conventus Vallis Beate Marie; quam quidem vineam comitissa Bellimontis Alienor dicto priori et conventui de Layo pro salute anime sue in puram et perpetuam elemosinam contulit et legavit, quitam et liberam a pressoragio, et decima et exactione omnimoda vel coustuma, ita quod sepedicti Philippus et Giroudus dictam vineam pro voluntate sua in manu mortua poterunt vendere vel legare. Quia igitur antedicti Philippus et Giroudus dictam vineam viris religiosis abbati et conventui Vallis Beate Marie, Cisterciensis ordinis, Parisiensis dyocesis, imperpetuum legittima venditione vendiderunt et remiserunt, nos dictam venditionem gratam et ratam habemus, benigne volentes et concedentes ut prefata ecclesia Vallis Beate Marie prefatam vineam habeat, teneat et imperpetuum possideat, in manu mortua, sine coactione vendendi, distrahendi, vel extra manum suam ponendi, quitam et liberam, sicut expressum est superius, ad duodecim denarios censuales annuatim dicto prioratui nostro de Layo ab eisdem religiosis Vallis Beate Marie in festo beati Remigii reddendos et persolvendos. Promittentes bona fide pro nobis et successoribus nostris quibuslibet quod contra vendicionem istam non veniemus per nos vel per alios in futurum; renunciantes in hoc facto nomine nostro et ecclesiarum nostrarum omni juris auxilio canonici et civilis, omnibus rationibus que possunt obici contra presens instrumentum, et presertim ne possimus dicere nos vel ecclesias nostras esse deceptas in dicto contractu, et que nobis vel ecclesiis nostris possent prodesse et prefatis religiosis Vallis Beate Marie vel ecclesie sue nocere, quantum pertinet ad omnia et singula supradicta. In cujus rei testimonium nos predicti abbas et conventus Becci presentibus litteris sigilla nostra duximus apponenda. Actum anno Domini M° CC° sexagesimo secundo, mense augusti.

XLI.

Carta officialis Belvacensis de eodem.

(7 juillet 1261.)

Universis presentes litteras inspecturis.. Officialis Belvacensis salutem in Domino. Notum facimus quod Eremburgis, uxor Philippi du Ru, et Agnes soror ipsius Eremburgis, uxor Giroudi du Ru de Joi, coram Dyonisio notario curie Belvacensis jurato, a nobis ad hoc, vice nostra, specialiter destinato, constitute renunciaverunt sponte et expresse, in nullo coacte, ut asserebant, assensu et voluntate maritorum suorum predictorum, dotibus seu donationibus propter nuptias quas habebant vel habere poterant in quadam pecia vinee, arpentum et dimidium continente, sita apud Joy, juxta vineam virorum religiosorum abbatis et conventus de Valle Beate Marie, Parisiensis dyocesis, Cisterciensis ordinis; quam peciam vinee ipse mulieres et eorum mariti prenominati prefatis religiosis imperpetuum legitima venditione vendiderunt et coram dicto Dyonisio notario nostro recognoverunt, et quicquid dotis sive donationis propter nuptias vel alterius juris habebant prefate mulieres in dicta pecia vinee, dictis religiosis vendita, eisdem religiosis coram dicto Dyonisio notario nostro imperpetuum benigne quitaverunt. Promittentes, fide ab ipsis in manu dicti Dyonisii notarii prestita corporali, quod ipse de cetero, ratione dotalicii seu alia quacumque ratione, in dicta pecia vinee dictis religiosis vendita, per se vel per alium nichil reclamabunt vel facient reclamari. In cujus rei testimonium et munimen presentes litteras sigillo curie Belvacensis fecimus communiri. Datum anno Domini M° CC° sexagesimo primo, die jovis post festum sancti Martini estivalis.

XLII.

Carta officialis Belvacensis de novem solidis annuis in festo beati Martini hyemalis, quos Matheus de Torculari et Johannes frater ejus debent nobis de quadam vinea in territorio de

Noitel, videlicet de Parai. — Ista carta est cum cartis de Praeriis[1].

(Août 1240.)

Constitutus coram nobis Johannes de Novilla promisit se redditurum abbati Vallis Beate Marie novem solidos parisiensium annui census in festo beati Martini hyemalis dicto abbati annuatim persolvendos pro dimidio arpento vinee site in Pereto; quod dictum dimidium arpentum vinee prefatus abbas dicto Johanni et heredibus suis ad predictum censum imperpetuum concessit possidendum. In cujus rei testimonium presentes litteras sigillo curie Belvacensis fecimus communiri. Datum anno Domini M° CC° XL°, mense augusto.

XLIII.

Carta quod Odo de Novavilla dat nobis ad usus pauperum quoddam feodum situm apud Villare, in octabis sancti Dyonisii colligendum.

(Sans date[2].)

---

1. Ce sommaire est d'une autre main que les précédents et la charte qui suit a été aussi transcrite par une main postérieure.

2. Cette charte n'a pas été transcrite dans le cartulaire, et le sommaire est aussi d'une autre main que les précédents.

APPENDICE.

I.

Iste sunt vinee pauperis hospicii :

apud Bellum montem, tria quarteria vinearum;
apud Joyacum, i. arpentum et dimidium ante portam domus;
item, i. arpentum in aioto defuncti Ligerii;
item, i. arpentum in cuspide Insule;
item, dimidium arpenti juxta Montengni[1].

II.

Iste sunt pauperis hospicii terre arabiles :

apud Champignol circa x. arpenta[2];
apud Butart, de dono Ivonis Buffé, iij. arpenta;
juxta leprosariam de Insula, iij. arpenz;
juxta grangiam monachorum de Insula, i. arpentum;
apud Annery, i. arpentum, censum et decimam decem arpentorum terre et i. sextarium bladi annuum[3].

III.

Redditus de elemosina sororis domini Theobaldi de Lyé :

apud Herovillam, i. modium bladi annui redditus in festo S. Remigii;

apud Taberneriacum, i. arpentum terre et xviij. denarios census[4];

apud Joiacum, Ansellus de masura sua, i. sextarium avene; item, i. panem et i. caponem in Natale Domini;

Johannes de Pratis, i. sextarium avene, i. pein, i. chapon;

Simon Buret, i. minam avene, dimidium caponis, et i. denarium census[5];

apud eandem villam medietatem campipartis xij. arpentorum terre[6];

apud Fontenetum, ij. sextarios bladi annuatim in festo sancti Remigii;

---

1. Fol. 35.
2. Article biffé.
3. Fol. 35.
4. Article biffé.
5. Article biffé.
6. Article biffé.

apud Frumevillam, ij. sextarios bladi annuatim[1];
in molendino de Capite ville, iij. sextarios bladi annuatim in festo S. Martini hiemalis;
apud Novam villam juxta Bellum montem, de vinea de Perai Laurentius Barbou, iiij. solidos, vj. denarios in festo S. Martini hiemalis;
item, Bertaut de Pressouer frater ejus, iiij. solidos, vj. denarios;
in molendino regis apud Valmondois, iiij. sextarios bladi in septimana ante Natale Domini;
Herveus, dictus Petre, de Bellomonte, du Fresche Poquet, iij. solidos in octabis beati Dyonisii[2].

IV.

Census Odonis de Nova villa apud Villare Adam :

In medio marcii : Angoinus, pro corneia, iiij. denarios; — Sedilia nostra hospita, pro corneia, iiij. denarios; — Agnes la Piccarde, pro corneia, iiij. denarios;
in Natale Domini : Radulphus Loque et Agnes la Piccarde, pro terra Guilberti Harenc, valorem unius mine avene[3].

V.

Elemosine sive census quos debemus apud Joy :

Tempore vindemiarum :
Priori de Layo, pro pressorio nostro, quod erat quondam juxta domum Giroudi de Joy, unum modium vini.
Item, presbitero de Joy, vj. sextarios vini de vinea Simonis.
Item, presbitero, pro vinea de Prato, ij. sextarios vini.
Item, presbitero, pro vinea que dicitur de Coudroi, vj. sextarios.
Item, pro masura Galteri Bataille, iij. quartes presbitero.
Item, decima de quolibet dolio, i. sextarium vini priori de Insula.
Duo arpenta Johannis Fo[ur]nier et i. arpentum de Cruce debent pressoragium domino de Vaus.
Item vinea orti nostri debet de quolibet dolio i. sextarium decime presbitero de Joyaco.
Mense martio :
Heredibus domini de Vaus, pro prato Johannis filii Hanneri, viij. denarios.

---

1. Article biffé.
2. Fol. 35 v° et 36.
3. Fol. 36.

Item, pro ajoto Guiardi Bedin, i. denarium.

In crastino Natalis Domini :

Heredibus R. de Monteg[ni] pro terra super rivum, que fuit Auberti de Bolonvilla, ij. denarios.

In festo sancti Remigii debemus solvere census istos :

Priori de Layo, pro vinea Comitisse, xij. denarios;

Johanni filio Girardi, pro vinea sita in ajoto super aquam, xij. denarios.

Domino P. Turiout, pro vinea Roberti Heraut et pro vinea de Breecort, sita in ajoto, iij. denarios, obolum.

In octabis beati Dyonisii :

Petro de Menilio, pro vinea de Perai, vj. denarios in octabis S. Dionisii.

Domino Theobaldo de Vaus, pro vinea de la Comtesse, pro prato Johannis Fournerii, viij. denarios.

Item, heredibus de Vaus, pro terra sita in ajoto super aquam, que fuit Johannis de Pratis, ij. denarios; item pro vinea de Crate, iij. denarios; item, pro terra Guiart Bedin, ij. denarios; item, pro prato Johannis de Joy, viij. denarios. — Domino de Vaus.

Ecclesie Sancti Germani de Percene, pro terra ajoti super rivum de Joy, que fuit Joannis Fou[r]nier, ij. solidos in elemosina.

Item, pro prato Johannis, nepotis Giroudi, domino de Hariville, xij. denarios.

Johanni de Joi, xij denarios, pro domo nostra de Joi[1].

Item, heredibus R. de Monteg[ni], pro ajoto super rivum, ij. denarios.

Item, heredibus Johannis Fournerii de Praeriis, pro terra juxta leprosariam, xviij. denarios.

Domine de Nerville, xij. denarios; hos solvunt portarius et hospitalis simul.

Omnes predictos census seu redditus solvere tenemur terris prenotatis[2].

VI.

Hii sunt census de Nervilla, qui sunt portarii et hospitalis, in octabis sancti Dyonisii anno Domini M° CC° LXXX° :

Radulphus Loque de terra Harenc, ij. denarios.

Agnes Piccarde, de terra Harenc, ij. denarios.

Radulphus Loque, de terra Spineti, obolum.

1. Article ajouté, ainsi que les quatre suivants.
2. Fol. 36 v° et 37.

Agnes Piccarde, hospita nostra, de masura sua, ij. solidos, viij. denarios.

Odo de Praeroles, de terra de Spineto, iiij. denarios; de vinea eadem, obolum.

Domicella Sedilia, pro Prato, ij. denarios; pro terra du Pener, iij. denarios.

Johannes de Soisyaco, pro dimidio arpenti juxta Culturam, ij. solidos.

Bertaudus Briquet, pro terra Prati, iij. solidos.

Guillelmus Briquet, iij. obolos, de Chaut Buissom.

Robertus Feret, obolum, de vinea de Praeriis.

Droco Feret de vinea Johannis le Roelier, i. denarium.

Item Droco Feret, de masura Hue Feret, obolum.

Stephanus Quai, pro terra de Valle Radulphi, i. denarium.

Johannes Pipernart, pro terra Blanche vie, iij. obolos.

Guillelmus de Furno, pro vinea Johannis Maquaire, iij. obolos.

Jolivet, pro terra Sabulorum, obolum.

Erenburgis de Praeroles, pro terra Spineti, i. denarium.

Johannes de Berrou, pro vinea au Molier, obolum.

Renoudus de Monnurel, pro terra sua des Tesmeres, iij. denarios.

Johannes Medicus, pro terra des Temeres, i. denarium.

Johannes Medicus et Comitissa, pro terra Blanche vie, iij. obola.

Henricus de Moy et Renoudus Mallart, pro terra Albe vie, i. tornois.

Guillaume Briquet, pro terra de Tronchai, iiij. solidos.

Robertus de Reynel, pro sa culture, ij. solidos.

Stephanus Mariavale, pro vinea de Mauville, iij. obolos.

Guillaume de Harmes, pro terra de Valle Raulet, i. denarium.

Gerart de Fayel, pro terra Roberti Normanni, v. solidos.

Johannes Angouin, de masura sua, v. solidos, iiij. denarios.

Sedilia, hospita nostra, pro masura, xxviij. denarios, et pour l'Espinée, vij. denarios.

Baudri, por la Blanche voie, i. tornois.

Ales de Nigravilla, i. denarium, et de dimidio arpenti ortorum, i. tornois.

Raoul Louvin, pour la Blanche voie, i. tornois.

Johannes Poulenier, pro vinea au Molier, obolum.

Familia Richeudis Piele, iij. obolos.

Apud Villers, in censu Dardel, v. solidos, in Natale[1].

Item, in censu de terris d'Aguilion, ij. solidos, in festo S. Remigii.

Apud Nigellam, x. denarios de dimidio arpento vinee[2].

---

1. Article ajouté postérieurement, ainsi que les deux suivants.
2. Fol. 38 v° et 39.

VII.

Hii sunt census qui debentur hospicio pauperum apud Aneriacum, in octabis sancti Dyonisii, anno Domini M° CC° octogesimo :

Magister Richardus Messent, de terra de Tillez, iiij. denarios, obolum.
Johannes Silelin, de eadem terra, iiij. denarios, obolum.
Galterus Frommagier, iiij. denarios, obolum.
Philipus de Aneriaco, iiij. denarios, obolum.
Leprosi de Valle Regis, v. denarios, obolum.
Heloys de la Mallete, de Valle Herneri, ij. denarios.
Garnerus Macon et sua familia, iij. obolos.
Petrus Juvenis, i. denarium.
Johannes de Vacheria, i. denarium.
Gace le Coc, i. obolum.
Thomas de Aneriaco, i. tornois.
Guillelmus filius Philippi, i. denarium.
Familia Johannis de Bolovilla, iij. obolos.
Adam Carpentarius, i. denarium.
Johannes de Aunoi, obolum.
Aubertus Faber de Aneriaco, obole tornoise.
Godefridus Malet, obolum.
Ivo Fromagier, obolum.
Herbertus de Bolovilla, ij. denarios et dimidiam pictam.
Adam Navet, ij. denarios et dimidiam pictam.
Uxor Alelmi de Cruce, iij. denarios.
Renoudus de Pressorio, iij. obolos.
Uxor quondam Johannis Fromager, iij. obolos.
Mahiu de Cruce, obole tornoise.
Uxor Alelmi de Cruce et Matheus de Cruce, vij. pictas.
Agnes de Furno, iij. obolos.

Summa census predicti iiij. solidos, ij. tornois[1].

VIII.

Hi sunt census de Nervilla, qui debentur portario et hospicio pauperum, in octabis sancti Dyonisii, anno Domini M° CCC° XXXVI° :

Primo, Johannes Prouel, de terra Spineti, v. denarios, obolum.
Ernulfus Lalemant, de masura a Nivoliés, obolum.

1. Fol. 40 v° et 41.

Theobaldus le Fier, de masura a Nivoliés, i. denarium.

Johannes Emius, de masura a Nivoliés, iij. obolos.

Perrinus Morel, de terra du Vauliart, i. denarium.

Perrinus Belesuer, de terra Spineti, vj. denarios, obolum.

Relicta Philippi Pillon, de terra de Bras de Boinhomme, vj. denarios. — Nota, non solvit anno [M°] CCC° XXXV°, ut dicitur.

Colinus du Gué, de terra Albe vie, i. tornois.

Heredes Guillelmi Bretele, de terra des Preaus, iij. obolos.

Domina d'Atechi, pro prato infra fontem de l'Ourme, v. denarios, obolum.

Item, pro terra des Courtins, ij. denarios.

Item, pro terra du Noier, ij. denarios.

Petrus de Pons, pro terra de Viis albis, iij. denarios.

Johannes Lagnier, pro terra du Vau Raulet, i. denarium.

Johannes Le Mire, de terra Albe vie, i. tornois.

Johannes Contesse, de terra Albe vie, i. tornois.

Heredes Guillelmi Brunel, de terra Spineti, ij. denarios.

Simon Malebranche, de terra des Closiaus, iij. denarios.

Matheus Chardonce, de orto du Vivier de Courceles,...

Stephanus Dondot, Johannes le Picart le viel et Johannes le Picart le jeune, de terra des Detrés, ij. denarios.

Relicta Johannis de Medunta, de masura tenente a Gillete de Brie, xvij. denarios.

Johannes le Mere, de domo tenente a Gillete de Brie, ij. denarios.

Herenbourt la Sauniere et Michael de la Ruele, de terra du Touchet, iiij. solidos.

Item, pro terra Albe vie, iij. obolos.

Gilete de Brie, pro suis hereditatibus, vj. solidos reditus[1].

IX.

Hec sunt recepta que magister Johannes Eudelin recepit anno Domini M° CCC° XXXVII° ad Nervillam :

Primo, Johannes Ami, iij. obolos.

Erenborc la Sauneire, iiij. solidos, iij. obolos.

Peires de Pons, iij. denarios.

Johannes Puel, v. denarios et obolum.

Johannes Conteise, i. tornois.

Johennes Lanier, i. denarium.

Petrus Morel, i. denarium.

1. Fol. 42 v° et 43.

Johannes Brenel, ij. denarios.
La fame Jehan de Mote, xvij. denarios.
La fame Johan le Picart le genne, iij. oboles.
Jehan le Picart le veil, obole.
Les hers Guillaume Bretel, iij. oboles.
Simon Malebranche, iij. oboles.
Johannes Lalemant, obole.
Madame d'Urfey, ix. deniers.
Relicti Phelipe Pilon, vj. deniers.
Colin du Gey, i. denier.
Teibaut Befe, i. denier.
Gilete de Brie, v. sols.
Petrus le Mere, xxvij. sols[1].
Jehannin Chennevas a vendu a Jehannin Bazin sa vigne de Laluef.
. . . . . a Beaumont ala vendre xvj. sols... elle vigne et une petite vigne[2].

X.

Apud Bellum Montem debent hospicio pauperum persone infrascripte :

Primo Philippus de Pons, iij. solidos, pro dimidio arpento terre, que dicitur les Fresches Poquet, tenente ex una parte et alia Reginaldo de Recule, juxta iter quod duxit de Bellomonte apud Noi[n]tel.

Item, Anselmus Merele, xiij. denarios, obolum, pro vinea sua de Laluef.

Item, Adenet Chenevaz, iiij. solidos, iiij. denarios, obolum, pro vinea sua sita ibidem.

Item, Oudinus le Cosson, alias le Selier, iij. solidos, vj. denarios pro vinea sua sita ibidem.

Item, Bellote la Cotarde, xxvij. denarios, pour sa terre du Parey.

Item, Beatrice la Cotarde, xxvij. denarios, pour sa terre du Parey.

Item, Perrote des Vignes, ij. sols, vj. deniers, pour sa terre du Parey.

Item, Colin le Normant, iij. sols, pour sa vigne de Biauchamp (*add.* : et les tient a ij. sols).

Asselin Merele, pour sa terre du Pery, iiij. sols, vj. deniers (*biffé et add.* : et la tient maintenant Guillaume Channevas a ij. sols).

Nota quod procurator nostre ecclesie debet singulis annis magistro

1. Fol. 43 v° et 44.
2. Fol. 46 v°.

hospicii pauperum, in festo beati Remigii, xxxiij. solidos parisiensium, pro torculari nostro de Medunta Castri; et illos predictos xxxiij. solidos emit prior dictus de Psallarebiva, predecessor meus, ad vj. denarios capitalis census solvendos in festo beati Remigii per dictum magistrum hospicii pauperum. Nota quod procurator solvit me magistrum dicti hospicii, pro annis [M CCC] lxij. et lxiij.

Nota quod dictus magister dicti hospicii debet procuratori dicto singulis annis vj. denarios capitalis census, solvendos ipso Farel in die beati Remigii, pro ij. arpentis terre que habet dictus magister ibidem[1].

XI.

Apud Bellum Montem debebant hospitio pauperum persone infrascripte; actum anno [M CCC] LXVIII° :

Petrus Crochart, pour demi arpent de terre, que l'en dit les Fresches Poquet, tenant... (*en blanc*).

Tibaut le Gros, pour sa vigne de Laluef, qui fu Asselin Merelle, xiij. deniers, obole capitis census solvendi.

Geffroy de la Porte, pour sa vigne de Laluef, qui fu Odin Cosson, anciennement le Sellier, iij. sols, vj. deniers capitis census solvendi.

Perrin Hamouin, pour sa terre contenant circa j. quartier, qui fu Bellote la Cortarde et Betrix la Cotarde, seant em Peray, ij. sols, vj. deniers capitis census solvendi in festo Martini hiemalis.

Guillot Channevas, pour sa terre de Peray, qui fu Asselin Merelle, ij. sols capitis census solvendi in festo Martini hiemalis.

Jehan Channevas, pour sa vigne de Laluef, qui fu Adam Channevas son pere, iiij. sols, iiij. deniers, obole capitis census solvendi in festo Martini hiemalis.

Colin le Normant, pour sa vigne de Biauschamp, ij. sols de cens cotage solvendi in festo Martini hiemalis.

Nota de la terre de Peray, qui fu Perrote des Vignes, ut supra, que elle doit ij. sols, vj. deniers.

Belote la Cotarde et Betrix la Cotarde, pour leurs vignes de Perey, chascune doit xxvij. deniers.

Lorent Barbou, pour sa vigne ou terre de Perey, iiij. sols, vj. deniers.

Bertaut du Pressouer et son frere aussi, iiij. sols, vj. deniers.

---

1. Fol. 32 et v°. — Les deux derniers paragraphes sont d'une écriture postérieure.

Nota, in carta pecunie lxxxvj[a] continetur de Jehan de la Noville; pour demi arpent de terre vigne seant en Perey, est tenuz lui et ses hoirs a touz jours mès paier chascun an a la S. Martin d'iver ix. sols[1].

Nota que la meson qui fu Jehanne la Livande, laquelle est a Grant Moulin, doit, a la Saint Remi, a Pierre Guernier vj. deniers de chef cens paiez a Stors.

Item, a messire Philippe d'Aunoy, pour la court de ladicte meson, i. obole de chef cens paiée le jour de Nouel.

Item, l'en doit a messire Philippe d'Aunoy, pour une meson, qui est cheue, xviij. deniers de chef cens paiez le jour de Nouel[2].

1. Fol. 33 et v°.
2. Fol. 34 v°.

INDEX ALPHABÉTIQUE.

N. B. — Les chiffres *arabes* renvoient aux numéros des chartes du Cartulaire et les chiffres *romains* aux numéros des pièces de l'Appendice.

Nogent-le-Rotrou, imprimerie Daupeley-Gouverneur.

www.ingramcontent.com/pod-product-compliance
Ingram Content Group UK Ltd.
Pitfield, Milton Keynes, MK11 3LW, UK
UKHW021655260726
13994UKWH00003B/1477

9 782019 919474